FUNÉRAILLES

DES

ROIS DE FRANCE,

ET

CÉRÉMONIES ANCIENNEMENT OBSERVÉES
POUR LEURS OBSÈQUES.

PAR M. A. B. DE G.

Et la garde qui veille aux barrières du Louvre
N'en défend pas nos rois !

MALHERBE.

Paris.

BAUDOUIN FRÈRES, LIBRAIRES,

RUE DE VAUGIRARD, N° 36.

1824

IMPRIMERIE DE J. TASTU,
RUE DE VAUGIRARD, n° 36.

FUNÉRAILLES

DES

ROIS DE FRANCE,

ET

CÉRÉMONIES ANCIENNEMENT OBSERVÉES POUR LEURS OBSÈQUES.

La mort d'un souverain est un événement d'une haute importance chez tous les peuples civilisés. Il semble que cette loi de la nature qui rend tous les hommes à la terre, apparaisse plus terrible et plus solennelle quand elle frappe la tête des rois. A peine la mort a-t-elle franchi le seuil d'un palais, que la renommée plus active paraît multiplier ses voix pour en porter la nouvelle dans toutes les parties d'un vaste empire.

C'est sur le trône que repose la justice et l'espérance des nations; inquiètes de leur avenir, elles écoutent avec respect les dernières paroles d'un roi mourant, elles y cherchent une consolation de la perte qu'elles vont faire, et demandent encore au trépas le gage de leur sécurité future. Un roi de France ne peut mourir comme un autre homme; une foule de grands souvenirs entourent son lit de douleur, et l'esprit national jette sur ses derniers momens une étonnante majesté. Expirant sur la cendre, dans une terre étrangère, le père de l'État donne à son successeur des conseils dictés par la sagesse et la fermeté; plein de confiance dans le Dieu pour qui il tira l'épée des chevaliers, son dernier regard se tourne vers la France et son dernier soupir laisse entendre le doux nom de la patrie (1). Si la mort vient l'appeler au milieu de son peuple et dans le palais de ses ancêtres, c'est lui qui console les citoyens alarmés et qui essuie les larmes de ses serviteurs. Sa pieuse résignation éloigne de son chevet les faiblesses d'une agonie douloureuse; c'est un chrétien qui meurt, mais c'est un roi de France!

Un fils de saint Louis est monté vers ses pères, l'auguste auteur de la charte n'est plus! Ses nombreuses et longues souffrances n'a-

____

(1) *Voyez* Vie de saint Louis, par le sire de Joinville.

vaient point altéré la sécurité de son ame ; cet esprit supérieur aux coups de la fortune qui lui avait fait supporter les chagrins de l'exil, a marqué ses derniers momens par des pensées courageuses. La France sait bien qu'elle doit à son roi la liberté ; elle ne l'a jamais confondu dans ses plaintes avec ceux qui l'ont couverte d'un voile funèbre que la main de son successeur déchirera sans doute. Depuis long-temps la patrie redoutait cette grande perte, aucune crainte de l'avenir ne peut se mêler à sa douleur ; elle est rassurée par la loyauté de ses princes, et la liberté fera entendre à Saint-Cloud les augustes promesses de Saint-Ouen. Puisse donc le Dieu qui fait les rois et qui les rappelle à son gré dans son sein, veiller sur la France de Charlemagne, de saint Louis et de Henri IV. Puisse-t-il éloigner du trône les perfides conseillers qui mettant leurs intérêts au-dessus des intérêts nationaux, inspirent aux princes de funestes résolutions ! Nos plus grands rois furent ceux qui entendirent la voix du peuple et se liguèrent avec lui contre ses oppresseurs. Au milieu des horreurs de la féodalité, la postérité de Hugues Capet reconquit un trône que les usurpations des grands avaient avili. Louis-le-Gros rompt les chaines de ses sujets, il rend aux communes leurs droits pri-mitifs et aux hommes leur dignité. Philippe-Auguste poursuit son ouvrage, il terrasse de son glaive et de sa majesté les tyrans de son peuple. Saint Louis rétablit la justice, il résiste à l'ambition de Rome, et rend à la France les libertés qui viennent de Dieu en consolidant les libertés qui viennent des hommes. Philippe-*le-Bel*, à l'exemple de Charlemagne, s'entoure des lumières de la nation, il écoute ses plaintes et rend à la justice toute sa puissance en or-donnant la permanence des parlemens. Char-les V sème sur tout le sol de la France les lu-mières et la liberté. La sévère volonté de Louis XI domine l'ordre social et consolide le trône. Louis XII fait regretter aux peuples la brièveté de la vie des rois en opposant le pardon aux offenses, l'épée française aux ar-mées étrangères, la douceur à l'opposition, l'économie aux larmes du laboureur, et la jus-tice à tous les maux. Henri IV fait revivre saint Louis, ferme les plaies de la France, enchaîne l'anarchie, rassure les consciences, et royal Français, il a la gaîté de son peuple comme il en fait admirer le courage. Louis XIV dicte à l'Europe ses lois souveraines, il charge de lauriers les glorieux drapeaux de la vieille

France, et détruit pour jamais le monstre féodal qui avait enchaîné si long-temps la civilisation et les arts. Louis XV reçoit le nom de Bien-Aimé, et venge à Fontenoi les infortunes de Poitiers et d'Azincourt. Louis XVI, héritier vertueux d'une longue suite de rois, voulait rendre à la France son ancienne et libérale constitution ; ses regards paternels avaient mesuré tous les abus ; ses mains avaient brisé les fers des derniers Français, qui, dans les montagnes du Jura, n'étaient pas encore réunis à la grande famille (1). Il avait dépouillé les tribunaux criminels de leurs formes cruelles et oppressives, reste impur de la barbarie du moyen âge. La Providence ne permit pas que ce roi bienfaisant accomplît son ouvrage......

Louis XVIII succéda à une longue oppression qui n'était pas sans gloire, mais qui usait le sang de la France. A sa voix la liberté renaquit, et debout sur son lit de mort, elle protége encore la nation, en lui épargnant les malheurs d'une guerre civile. Tel est l'avantage que les institutions libérales ont sur la volonté absolue des souverains. Heureux les princes

---

(1) Les serfs des moines de Saint-Claude.

assez sages pour modifier eux-mêmes l'exer-
cice de leur pouvoir. Louis XVIII n'est plus,
mais son nom durera autant que la monarchie;
il revivra *à toujours* dans son auguste ouvrage ;
il sera prononcé avec respect dans nos assem-
blées constitutionnelles, dans nos tribunaux,
dans nos fêtes de famille. La postérité a com-
mencé pour lui, elle environnera sa mémoire
d'une gloire plus solide que celle des batailles ;
car elle ne coûta jamais aux peuples que des
larmes de joie.

Mais des voix plus éloquentes s'élèveront
bientôt pour annoncer à l'Europe la grandeur
de notre perte et celle de nos espérances. Atten-
dons que de joyeuses acclamations succèdent
aux chants religieux et accompagnent le nouveau règne des souhaits de la France.

C'est un vieil adage que le roi ne meurt
point en France ; cependant il est bon de
faire remarquer que la couronne fut d'abord
éligible dans la personne des premiers rois;
elle devint héréditaire dans la maison de
Clovis, quand les Français eurent une patrie,
et que des institutions et des intérêts les eurent
attachés au sol. La couronne redevint éligible
après l'avénement de Pépin ; mais dans sa famille seulement. Depuis Hugues Capet elle fut

toujours héréditaire dans la personne des aînés, et l'on cessa, sous cette race, à partager la France en petits royaumes: c'est probablement ce qui rendit la monarchie plus stable, et ce qui détruisit peu à peu les effroyables abus de la féodalité.

L'habitude d'enterrer les rois à Saint-Denis est fort ancienne. Dagobert, fondateur ou plutôt restaurateur de cette abbaye, fut le premier qu'on y transporta après sa mort. Il mourut à Épinai, petit village près de Saint-Denis, âgé de 36 ans (an 644).

L'origine de cette basilique remonte à l'établissement du christianisme dans les Gaules. On croit que le premier prince qui y fut enterré est un fils de Chilpéric et de Frédegonde, mort au berceau, et qu'on appelle Childebert. Il paraît que ce fut Dagobert qui l'érigea en abbaye, c'est-à-dire qui accorda à l'église des terres pour l'entretien des moines qui suivaient la règle de saint Benoît. Cet ordre religieux, qui est un des plus anciens, fut aussi celui qui obtint plus de prosélytes dans les Gaules.

Dagobert fit, dit-on, couvrir l'église en lames d'argent. Ses successeurs lui firent de magnifiques présens; c'était l'abbaye la plus riche et la plus renommée de France. Saint Louis la fit presque entièrement reconstruire, et fit réparer les tombeaux des rois de la première et de la seconde race. Les statues et les monumens funèbres qui renfermaient les cendres de ces anciens princes, ne peuvent donner une idée des arts et des coutumes sous la première et la seconde races, puisqu'ils sont tous du treizième siècle. Il est probable cependant que, pour les statues des rois, les anciennes ont servi de modèle.

Les tombeaux de la première et de la seconde race sont en pierre. Ils ressemblent à une auge ; seulement, l'ouvrier a creusé pour la tête une place un peu moins large que pour le reste du corps ; c'est la seule marque qui puisse les faire reconnaître pour des pierres tumulaires.

Avant de donner une idée des cérémonies, en usage depuis long-temps, pour les funérailles des rois, nous croyons utile de faire connaître les noms de ceux qui furent enterrés à Saint-Denis depuis Dagobert, en même temps que leur âge et l'époque de leur mort.

Clovis II, mourut en 660 ; il avait fait enlever les lames d'or qui entouraient les tombeaux de Saint-Denis et de ses compagnons ;

l'histoire dit que ce fut pour nourrir les pauvres de Paris. Il y eut, en effet, une cruelle disette sous son règne.

Clotaire III fut enterré à Saint-Denis, en 668.

Childéric II, tué par Bodillon, seigneur franc, à qui il avait fait un outrage sanglant, y fut enterré en 673.

Thiéry III, qui mourut en 690, fut porté à Saint-Denis par les pauvres. Les maires du Palais, qui avaient usurpé l'autorité royale, avaient dégradé la majesté du trône, au point que la mort du roi était entièrement insignifiante.

Charles-Martel en 741. Il fut enterré à Saint-Denis; mais quelque temps après, son tombeau fut violé; et l'on raconta qu'il en était sorti une fumée épaisse, et qu'on n'avait trouvé à la place de son corps qu'un serpent hideux. Charles-Martel, un des plus grands hommes qu'ait eus la France, avait dépouillé les moines pour enrichir ses soldats. Cela explique cet événement.

Deuxième race : la première a duré 270 ans, en comprenant le règne de Clovis et celui de Childéric III.

Quoique les tombeaux de Clovis, de Clotilde, de Frédégonde, de Chilpéric Ier et d'une foule de princes et de rois de la première race, ayent été trouvés à Saint-Denis, lors de la violation sacrilége des tombes royales ; nous pensons que ces monumens funèbres y ont été transportés à d'autres époques, probablement lors de l'invasion des Normands au neuvième siècle et pendant le moyen âge.

CHARLES-LE-CHAUVE, empoisonné, dit-on, par son médecin, mourut dans les Alpes en revenant d'Italie, le 6 octobre 877, âgé de 54 ans. Sa dépouille mortelle fut apportée à Saint-Denis ; il avait d'abord été enterré à Nantua, petite ville du Bujey, près de Lyon.

A l'exception de ce prince, aucun monument historique n'indique que les rois de la deuxième race aient été enterrés à Saint-Denis, la plupart ne faisaient pas leur résidence à Paris.

Troisième race.

HUGUES CAPET, mort le 29 août 996, âgé

d'environ 57 ans. C'est depuis ce prince que l'abbaye de Saint-Denis réclama comme un de ses priviléges la sépulture des rois.

Robert, mort à Melun, le 20 juillet 1031, âgé de 60 ans, enterré à Saint-Denis.

Henri Ier, mort à Vitry en Brie vers la fin de l'année 1060, âgé de 55 ans, enterré à Saint-Denis.

Louis-le-Gros, mort à Paris, le 1er août 1107, âgé d'environ 60 ans. Ce prince commença à donner de la force au pouvoir monarchique, en affranchissant quelques communes. Comme nous n'indiquerons pas les princes qui n'ont pas été enterrés à Saint-Denis, il devient inutile de le dire pour ceux dont les noms vont suivre.

Philippe II, surnommé *Auguste*, mort à Mantes, le 14 juillet 1223, âgé de 59 ans.

Louis VIII; on suppose qu'il fut empoisonné par Thibault, comte de Champagne. Il mourut au chateau de Montpensier, en Auvergne, an 1226, âgé de 39 ans.

Louis IX, mort devant Tunis, le 25 août 1270, âgé de 56 ans. Il fut canonisé à Orviette par le pape Boniface VIII, le 11 août 1297.

Philippe III, surnommé *le Hardi*, mort à Perpignan, en 1285, âgé de 41 ans.

Philippe IV, dit *le Bel*, mort à Fontainebleau, le 29 novembre 1314, âgé de 46 ans.

Louis X, dit *Hutin*. On croit qu'il fut empoisonné; il mourut au château de Vincennes, le 5 juin 1316, âgé de 26 ou 27 ans.

Philippe V, dit *le Long*, mort le 3 janvier 1321, âgé de 28 ans. Ce prince avait eu l'idée de l'égalité des poids et mesures.

Charles IV, dit *le Bel*, mort à Vincennes. le 1er février 1327, âgé de 33 ans.

Jean, mort à Londres pendant l'année 1364, il était âgé de 54 ans.

Charles V, dit *le Sage*, mort au château de Beauté-sur-Marne le 16 septembre 1380, âgé de 42 ans.

Charles VI, mort à Paris, à l'hôtel de Saint-Paul, le 20 octobre 1422, âgé de 54 ans.

Charles VII, mort à Meun, en Berri, le 28 juillet 1461, âgé de 58 ans. On croit qu'il se laissa mourir de faim, dans la crainte d'être empoisonné.

Louis XII, surnommé *le Père du peuple*,

mort à Paris, au château des Tournelles, le 1er janvier 1515, âgé de 53 ans.

FRANÇOIS Ier, mort au château de Rambouillet, le 30 mars 1547, âgé de 52 ans.

HENRI II, mort à Paris dans un tournois, le 10 juillet 1559, âgé de 40 ans.

FRANÇOIS II, mort à Orléans, le 5 décembre 1560, âgé de 16 ans et 10 mois. Il avait épousé Marie Stuart, fille de Jacques V, roi d'Écosse, et célèbre par ses malheurs.

CHARLES IX, mort au château de Vincennes, le 30 mai 1574, âgé de 24 ans. Nous n'avons pas besoin de rappeler le plus grand et le plus affreux événement de ce règne malheureux. Ce jeune roi, dont le cœur n'était point mauvais, fut égaré par d'infâmes conseils ; il mourut en proie aux plus violens remords.

HENRI III, assassiné à Saint-Cloud par un moine, le 1er août 1589 ; il mourut le lendemain, à l'âge de 38 ans. Son corps ne fut porté à Saint-Denis qu'en 1610.

HENRI IV, dit *le Grand*, assassiné à Paris, rue de la Ferronnerie, le 14 mai 1610, à l'âge de 57 ans. En 1594 le nommé Jean Châtel, élève des Jésuites de Clermont, avait attenté aux jours de ce monarque adoré. Les jésuites furent accusés par la rumeur publique d'avoir excité Ravaillac à commettre son parricide (1).

Louis XIII, mort à Saint-Germain-en-Laye, le 14 mai 1643, âgé de 42 ans.

Louis XIV, dit *le Grand*, mort à Versailles, le 1er septembre 1715, âgé de 77 ans.

Louis XV, dit *le Bien-Aimé*, mort à Versailles, le 10 mai 1774, âgé de 64 ans.

Le règne le plus long a été celui de Louis XIV, le plus court celui de François II. Peu de nos rois ont vécu plus de 60 ans, beaucoup sont morts avant 30 ans. Tous ont eu le courage personnel et ont vu approcher leur fin avec courage.

Les funérailles des rois se sont toujours célébrées avec magnificence; nous allons décrire les cérémonies usitées depuis long-temps dans la monarchie. Nous parlerons au passé, parce que la plupart de ces usages sont tombés en désuétude; les autres ne peuvent être observés à cause du changement qui s'est opéré dans nos mœurs et nos institutions. Les céré-

---

(1) *Voyez* l'arrêt du Parlement de Paris, du 7 janvier 1595, et les Mémoires du temps.

monies funèbres qui paraissent accompagnées des coutumes les plus bizarres en apparence, renferment cependant des leçons utiles, et n'ont pas été instituées sans motif.

Quand le roi était mort, le premier maître-d'hôtel ou le premier chambellan, après l'acte de décès dressé par le chancelier, venait au balcon royal revêtu du costume de cour; il criait trois fois *le roi est mort !* Il rompait alors une baguette d'osier, et criait *vive le roi !* Un héraut d'armes, monté sur un cheval caparaçonné, parcourait la capitale en proférant les mêmes cris.

Voici ce qui se passait au château; nous n'allons rien omettre.

Pendant qu'un artiste composait en cire une effigie du roi défunt, son corps embaumé par les chirurgiens et les gens de l'art était enseveli par les chambellans et gentilshommes de la chambre. On le plaçait dans un cercueil de plomb couvert en bois dur et odorant, et revêtu d'un drap de velours noir croisé de satin blanc. Ce cercueil était porté par les archers du roi (gardes-du-corps), et placé par eux sur un plan élevé, et suivant une vieille chronique, *ayant soubastement de drap d'or, et dessus le dit corps une grande couverture de drap d'or et de brocard, traînant en terre sur les dits soubastemens.* On plaçait des cierges allumés autour du cercueil, ils formaient ce qu'on appelle une chapelle ardente ; vis-à-vis ce sarcophage était un autel où des prêtres étaient continuellement en prières.

Quand l'effigie royale était préparée, on la transportait dans une salle tendue en noir et décorée de *riches étoffes d'argent* (1). L'effigie était placée sur un lit de parade garni d'une couverture de drap d'or *frisé*, et traînant de tous côtés jusqu'à terre. Cette couverture était ornée de bordures d'hermine *mouchetée*, et large de deux pieds.

Les anciens chroniqueurs qui nous ont laissé ces détails et qui emploient l'hyperbole sans goût et sans ménagement, s'étendent avec complaisance sur les moindres circonstances de cet arrangement. Ils n'y trouvent que des raisons d'étiquette, et croyent que cette manière d'honorer les rois était nécessaire à la

---

(1) Tous les mots soulignés sont textuellement extraits de diverses chroniques, dans lesquelles nous puisons ces détails.

splendeur du trône. Voici comment s'exprime un écrivain du temps de Henri IV : « Si en la » prospérité de leurs règnes, ils ont partout » fait éclater leur gloire par le magnifique ap- » pareil de leurs majestés, il semble raison- » nable que nous prouvions comme ils en ont » pareillement fait luire les rais et les splen- » deurs en leurs obsèques et funérailles, et » comme l'appareil a toujours esté grand et » somptueux pour les derniers offices de leurs » sépultures. »

Toutes ces cérémonies et *splendeurs* ne se bornaient pas là ; plusieurs sont très-remar-quables ; mais nous allons suivre l'ordre des funérailles, en faisant observer que telle cou-tume employée pour un roi, ne le fut pas pour un autre. Cela a nécessairement dû dépendre de ceux qui sont chargés de régler cet appareil.

La figure de cire qui représentait le roi dé-funt était revêtue d'une chemise de *toile de Hollande* brodée avec de la soie noire au col-let et aux manches. Sur ce vêtement était une *camisole* de satin rouge ou cramoisie doublée de taffetas de la même couleur, et dépassée par une bordure en or. On ne pouvait aper-cevoir de cette *camisole* qu'une partie des

manches jusqu'au coude, et quatre doigts environ sur les jambes, parce que la tunique était
jetée par-dessus. Cette tunique, espèce de vêtement de dessus, en usage au moyen âge,
était de satin bleu de ciel (azuré) semée de
fleurs de lis d'or avec une large broderie d'argent; les manches étaient crevées au coude.
Quand l'effigie était ainsi parée, on la couvrait
du manteau royal, grand et riche vêtement en
velours violet semé de fleurs de lys d'or, et
long de cinq aunes. Il était ouvert devant et
sans manches, doublé de taffetas blanc : le
collet, qui était rond et en hermine, était ren-
versé sur les épaules; les paremens et la queue
du manteau étaient couverts de la même four-
rure. L'effigie portait au cou tous les ordres
royaux et les ordres étrangers que le roi avait
acceptés pendant sa vie. La tête était couverte
d'un bonnet de velours cramoisi relevé par
un diadême enrichi de pierreries. Les mains
étaient croisées sur la poitrine. Aux deux côtés
du chevet étaient deux oreillers de velours
rouge, brodés en or, sur lesquels étaient
placés, à droite, un sceptre, et à gauche une
main de justice. Au-dessus du chevet étaient
une chaise et un carreau couverts de draps
d'or sur lesquels on mettait tous les autres

ornemens royaux, un évangile ouvert, une épée et un globe. L'effigie et les corps, après un certain laps de temps, étaient mis sur des chars élevés et richement décorés, on les portait à l'église Notre-Dame, et de-là à Saint-Denis.

Monstrelet décrit ainsi la manière dont fut enseveli le roi Charles VI, malgré les malheurs du temps : « Le corps estait sus une litière
» moult notablement, pardessus laquelle avait
» ung pavillon de drap d'or à ung champ ver-
» meil d'azur, semé de fleurs de lys d'or. Par-
» dessus le corps avait une pourtraicture faicte
» à la semblance du roy, portant couronne
» d'or et de pierres précieuses moult riches,
» tenant en ses mains deux escus, l'un d'or,
» l'autre d'argent, et avait en ses mains gants
» blancs et anneaux moult bien garnis de
» pierres précieuses, et estoit icelle figure ves-
» tue d'ung drap d'or à ung champ vermeil,
» à justes manches et un mantel pareil fourré
» d'hermines et si avait une chausse noire
» (chaussure) et un soulier de veluel d'azur,
» semé de fleurs de lys d'or. »

Suivant Éginhard, Charlemagne fut enseveli avec tous les attributs de la puissance royale.

Il était vêtu des ornemens impériaux et la couronne sur la tête. On le plaça dans le tombeau sur une chaise dorée, et dans ses mains le livre des évangiles écrit en lettres d'or; on mit devant lui son sceptre et son écu qui avait été consacré par le pape Léon III (1).

Dans l'appartement où était l'effigie, on dressait une table aux heures accoutumées des repas. Le service se faisait dans le même ordre que si le roi eût été vivant, on faisait devant son siége l'essai des viandes et des vins. Les mets desservis étaient distribués aux pauvres à qui, de temps en temps, des hérauts donnaient des pièces de monnaie. Cela durait quelquefois quarante jours. Le peuple pouvait circuler dans le palais et venait jeter de l'eau bénite sur le cercueil, auprès duquel étaient nuit et jour deux hérauts d'armes revêtus de leurs ornemens officiels.

Quand tous ces préparatifs étaient terminés, le roi successeur, revêtu d'un manteau de pourpre, venait auprès du cercueil, sur lequel il jetait de l'eau bénite, après s'être agenouillé un moment sur un carreau qui

______

(1) Eginhard, *in Vit. Carol. magn.*

lui était présenté par le premier gentilhomme de la chambre. Après cette cérémonie, le nouveau roi remettait son manteau à un héraut et se retirait.

Selon les anciennes coutumes, le roi de France ne portait jamais le deuil. Monstrelet, que nous avons déjà cité, s'exprime ainsi, en parlant du deuil de Charles VII : « Par » l'ordonnance de son conseil, le roy fut » vestu de noir, pour la première journée, » et le lendemain, à la messe, fut vestu d'une » robe de vermeil. » Le même écrivain donne une idée plus positive de cet usage, en parlant de l'avénement de Louis XI : « Le service » faict, dit-il, tout incontinent le roy se vestit » de pourpre, qui est la coustume de France, » pour ce que si tost que le roy est mort, son » fils plus prochain se vestit de pourpre, et » se nomme roy ; car le royaume n'est jamais » sans roy. »

La veille du jour des funérailles, quand le corps du roi défunt était déposé dans une basilique, on tirait à sa porte un coup de canon de cinq minutes en cinq minutes, et c'était le dernier qui annonçait le départ du convoi. Cela s'est pratiqué pour Louis XIII, Louis XIV et Louis XV; dans une autre partie de la ville où le roi était décédé, on tirait cent et un coups de canon, pour annoncer l'avénement de son successeur.

En vertu d'un ancien privilége, c'étaient les *hanouards*, ou porteurs de sel de la ville de Paris, qui enlevaient le cercueil et l'effigie. Monstrelet raconte ce qui se passa à la mort de Charles VII; ces *hanouards* s'y conduisirent d'une manière peu décente. Comme cette anecdote a été traduite en français moderne, par Velly, et qu'elle peut donner une idée des cérémonies qui eurent lieu pour les funérailles de Charles VII, nous empruntons la version de ce dernier auteur.

« A peine Charles eut-il rendu les derniers soupirs, que le comte du Maine fit partir consécutivement trois courriers pour porter au dauphin (1) la nouvelle de la mort de son père, et recevoir en même temps ses ordres. Cependant, les ministres et les seigneurs qui se trouvèrent à Meun, paraissaient abîmés dans la consternation. Il fallait songer aux obsèques du monarque : soit appréhension de

______

(1) Louis XI.

déplaire à son successeur, soit oubli qu'on ne peut excuser, personne n'avait pris sur lui d'en ordonner les apprêts. Tannegui-du-Châtel osa seul se charger de ce soin dangereux. Il était neveu de ce Tannegui qui, dans le temps de la surprise de Paris par les Bourguignons, sauva le dauphin dans ses bras. Non-seulement il disposa la pompe funèbre, mais il avança les frais nécessaires qui ne lui furent rendus que dix ans après.

» Le corps du monarque défunt, renfermé dans un cercueil de bois de cèdre revêtu de plomb, fut transféré, sur un chariot de deuil, de Meun, à Notre-Dame-des-Champs, et porté le lendemain, six août, dans l'église cathédrale de Paris, où le service fut célébré. Lorsqu'on eut rempli ce pieux devoir, le convoi prit la route de Saint-Denis. Les magistrats du parlement, en robes et manteaux d'écarlate, tenaient le poêle de drap d'or. Le duc d'Orléans, les comtes d'Angoulême et d'Eu, princes du sang, et le comte de Dunois, à cheval, suivaient immédiatement le cercueil. La *représentation* du roi, revêtue des ornemens de la souveraineté, était portée à découvert sur un chariot surmonté d'un ciel ou dais de drap d'or soutenu par huit lances. L'université, les cours souveraines, les juridictions inférieures, les communautés religieuses venaient ensuite : elles étaient suivies d'une foule innombrable dont les larmes et les sanglots formaient l'objet le plus attendrissant de cette triste pompe, éclairée par deux cents hommes tenant chacun une torche ardente du poids de quatre livres.

» La marche était précédée par toutes les *clochettes* de Paris que portaient des hommes habillés en deuil. Il ne se passa rien d'extraordinaire à cette cérémonie, sinon qu'entre la foire du *lendit* et la Chapelle, il survint une contestation entre les religieux de Saint-Denis et les *Hanouards* ou porteurs de sel. Ces derniers prétendaient que c'était aux religieux à porter le cercueil jusqu'à leur église, ou à leur payer la somme de dix livres. Sur leur refus, ils abandonnèrent le corps que quelques bourgeois de Saint-Denis se mettaient en devoir de transporter eux-mêmes, lorsque le comte de Dunois, pour faire cesser cette dispute indécente, promit aux *Hanouards* de les satisfaire. Après qu'on eut célébré l'office pour le repos de l'ame du roi, Thomas de Courcelles, docteur en théologie, prononça l'oraison funèbre, interrompue à tous momens par les lar-

mes et les soupirs des auditeurs. Charles fut inhumé entre son père et son aïeul. Lorsqu'il
fallut le descendre dans le lieu destiné à la
sépulture, la possession du poêle de drap
d'or qui couvrait le cercueil, produisit une
nouvelle querelle entre les religieux et les
écuyers. Le comte de Dunois fut encore obli-
gé de s'entremettre avec le chancelier à l'ac-
commodement. L'objet contesté demeura
aux religieux, le grand écuyer ayant dit que
s'il y avait quelque droit il en faisait pré-
sent à l'église. Après que le cercueil eut
été placé, les écuyers et les sergens d'armes
jetèrent leurs verges sur la tombe. Les sui-
vans crièrent : *Dieu ait l'ame de Charles sep-
tième, roi très-victorieux !* et dans le même
temps *vive Louis, roi de France !*

A peu de chose près, ces diverses formalités
ont encore été remplies sous les derniers rois.
Aujourd'hui les *hanouards* sont probablement
remplacés par les charbonniers et les forts de
la Halle, qui assistent en corps aux funérailles
des rois et des princes.

En tête du convoi, marchaient des hérauts
ou sergens d'armes portant les étendards,
les drapeaux et *bannières* du royaume, qui
étaient surmontés par des cravattes de deuil.

Après eux marchaient les serviteurs du roi et les officiers de sa maison.

Le premier écuyer tranchant, en deuil, portait à pied le *fanon* de France, couvert d'un crêpe noir. Ce *fanon* était une bannière étroite à trois pointes, elle était en velours bleu d'azur, semé de fleurs de lis et orné de franges d'or.

Les *hautsbois*, *tambourins* et *fifres*, c'est-à-dire la musique de la chapelle royale se mettait ensuite en marche. Les musiciens portaient leurs instrumens renversés.

Après eux, venaient les écuyers et les officiers de l'écurie du roi portant *les esperons, les gantelets, l'escu, sa cotte d'armes de velours violet à fleurs de lys d'or en broderie perlée, le heaume timbré à la royalle, et sont les dits escuyers vestus de deuil, et leurs montures houissées de velours noir, croisées de satin blanc.* Plusieurs pages de l'écurie vêtus de deuil marchaient dans cette partie du cortége.

Deux écuyers conduisaient le cheval de bataille du feu roi, il était couvert d'une housse traînante, en velours violet, parsemé de fleurs de lys d'or. Plusieurs hérauts d'armes marchaient à côté du cheval la tête découverte.

Venait après le grand écuyer monté sur un

cheval couvert d'une housse trainante en velours noir. Il portait l'épée du roi suspendue par une écharpe en velours bleu semé de fleurs de lis. Il avait *le haume en teste* et *le gantelet au poing*. Quatre hérauts d'armes marchaient à pied à côté de lui.

C'était après le grand écuyer qu'était placé dans l'ordre du convoi la *ressemblance dudict roy faicte en cire*. On la plaçait assise sur le cercueil, *en la façon qu'il* (le roi) *présidait en son lict de justice, n'ayant les mains jointes comme elle avait en la salle, ains tenant à la dextre le sceptre à la sinestre la main de justice.* Le char était traîné par six chevaux couverts de velours noir. Trois échevins (maires) et le prévôt des marchands, portaient de chaque côté un coin du poêle. Autour du sarcophage s'élevait des *banderolles*, et la grande bannière de France, qui était de velours cramoisi semé de fleurs de lys d'or, les gentilshommes de la chambre, les officiers des gardes se pressaient autour du char.

Messieurs du parlement suivaient, pour tesmoignage que le propre office des roys de France est de distribuer la justice à qui elle appartient, et que s'en estant acquitté durant leur vie, *ils advertissent leur successeur d'en procurer la conservation, voire donnent à cognoistre que par leur mort elle ne perd rien de son lustre.* Nous n'avons pas voulu traduire ces paroles si simples et en même temps si énergiques.

L'archevêque de Paris, le grand aumonier et les aumoniers de la cour, marchaient aussi *pédestrement et moult priant* autour du char.

Ce qu'on appelait le grand deuil se mettait ensuite en marche. Il était composé des princes du sang et des grands du royaume, *montez sur petites mules, les queues de leurs manteaux fort longues et portées chacune par un gentil-homme à pied.* Ils étaient suivis par les ambassadeurs des puissances étrangères, les dignitaires de la couronne, les officiers de la bouche et des chasses, *nos seigneurs du conseil* et les chevaliers des ordres du roi; *lesquels seigneurs marchaient pédestrement, en deuil sans chaperons en teste.* La marche était fermée par les gardes de la personne du roi, *desquels les capitaines et archers portaient grand deuil et leurs hoquetons argentez.* Le peuple se pressait en foule sur leurs pas.

Le clergé et les religieux de Saint-Denis venaient processionnellement au-devant du convoi en chantant des psaumes. A l'entrée de la ville des moines de cette abbaye avaient le privilége de prendre les coins du poêle. On descendait le cercueil dans l'église et l'on plaçait l'effigie sur un lit de parade semblable à celui que nous avons décrit. Les gentilshommes de la chambre portaient le corps dans le caveau où il devait être inhumé. Le *roi d'armes* y descendait et criait à haute voix : *Hérauts d'armes, venez faire votre office.* Alors chacun de ceux qui portaient les insignes s'approchait du caveau, y jetait toutes les parties l'une après l'autre en criant : *Cecy est le heaume de N. M., très-grand et très-puissant roy de France, cecy est l'épée*, etc.

Après cette cérémonie, le *roi d'armes* criait trois fois : *Le roi est mort, priez Dieu pour son ame!* A l'instant même, il criait aussi trois fois : *Vive le roy*, en le désignant pas son nom. Un héraut faisait la même proclamation aux portes de l'église, et *soudain les trompettes et tambourins sonnent et s'en va l'assistance disner.*

Le grand maistre accompagné des *prélats* et *chevaliers des ordres du roi* venait à la table du parlement où étaient assemblés les officiers

de la couronne, et *grâces dictes déclare aux-*
dits officiers qu'ils n'ont plus de maistre, que
chacun se pourvoye, et en signe de roupture de
maison, rompt le baston magistral. Ce qui me
fait soubvenir, dit le même écrivain, *de deux*
officiers domestiques du roy Charles huic-
tiesme, l'un sommeiller, l'autre archer de sa
garde, lesquels à ceste roupture, saisis de
tristesse, poussèrent soudainement les derniers
souspirs de la vie.

Tels étaient les usages établis par nos pères aux funérailles des rois. Nous avons pensé
que dans un moment où une curieuse douleur
agite les esprits, ces détails pourraient pré-
senter quelque intérêt. Plusieurs sont encore
suivis; le changement que les institutions constitutionnelles ont dû nécessairement apporter
dans les cérémonies, ne permet pas de suivre
les autres.

Le roi Louis est mort. Son successeur Charles X est appelé à continuer son ouvrage et
à faire oublier à la nation les années orageu-
ses des discordes civiles. C'est une occasion
triste, mais grave et solennelle, d'immoler sur
le tombeau du fondateur de nos libertés, les
haines et les aberrations des partis. Ce sacrifice

qui assurerait à la France une longue suite de jours heureux et paisibles, est digne d'un peuple sensible et généreux, il est digne de la postérité de Robert le fort qui l'accueillera. N'oublions pas que la liberté véritable est un terme moyen entre la licence des révolutions et les priviléges injustes du moyen âge. Le passé ne peut plus revenir ; le peuple français marche glorieusement à la tête du grand mouvement européen ; ses lumières, sa puissance , ses immenses ressources le mettent à l'abri des espérances coupables que pourraient concevoir les factieux de l'ancien régime et ceux de 90. La légitimité de la Charte deviendra ainsi inébranlable ; car la légitimité c'est la justice , comme la liberté c'est la loi. Il n'y a que le désordre et l'oppression qui ne soient pas légitimes.